LE TRIOMPHE
DU TIERS-ETAT,
OU
LES RIDICULES
DE LA NOBLESSE.

COMÉDIE HÉROÏ-TRAGIQUE,

En un Acte & en Prose.

On pourra jouer cette Pièce après la Cour-Plénière.

Dans le Pays de la Raison.

1789.

PERSONNAGES.

UN DUC.
SON INTENDANT.
SON JUGE.
UN MAITRE D'ÉCOLE,
UN BRACONNIER.
UN TAILLEUR.
UN CORDONNIER.
UN FERMIER.
LE MAITRE DE POSTE.
DEUX GARDES-CHASSE.
SIX LAQUAIS.
Un grand nombre de ses VASSAUX.

La Scène est dans plusieurs Châteaux de France.

LE TRIOMPHE DU TIERS-ETAT,

OU

LES RIDICULES DE LA NOBLESSE.

COMÉDIE HÉROÏ-TRAGIQUE,

En un Acte & en Prose.

LE TRIOMPHE DU TIERS-ÉTAT, OU LES RIDICULES DE LA NOBLESSE.

SCÈNE PREMIÈRE.

(Le Théâtre représente la grande salle d'un antique Château, où le Duc veut donner une audience solemnelle à tous ses Vassaux.) On voit dans le fond un dais, dans une enceinte séparée, & environnée d'une balustrade.

LE DUC, *seul.*

EH quoi! je n'aurai donc reçu de mes aïeux un nom, des *Priviléges*, des *Prérogatives*, que pour les voir le jouet d'une vile populace! .... Le serpent redresse quelquefois sa tête; il pousse des sifflemens, il menace; mais il n'intimide que les ames pusillanimes; & alors même sa défaite est plus prochaine: un foible enfant marche droit à lui, &, d'un léger coup de baguette, le terrasse. Telle est la supériorité de la Noblesse sur le Tiers-Etat. Ses clameurs étourdissent d'abord, mais le son s'en perd dans les airs....... Les premières dignités de cet Empire nous appartiennent de droit; c'est dans nos mains qu'a toujours été le dépôt de la puissance souveraine; sans nous, le Trône seroit sans éclat, & le Roi sans force: que pourra donc contre nous cet essaim *d'insectes* qui rampent à nos pieds, qui nous doivent leur existence, & qui attendent tout de nous?..... Sans nous, que deviendroit le Peuple? il périroit de misère & de faim. Les Paysans travaillent dans nos Terres; & on leur paye pour leur journée un prix, sans contredit, *exorbitant*: ils font dans nos Fermes des *profits usuraires*. Sans nous, que feroient les Fabriques? N'est-ce pas la Noblesse qui encourage les Manufactures, en occupant tous les Ouvriers dans tous les genres? Si nous payons les Impôts, nous ne pourrons plus faire tant travailler, & alors ce Peuple *insensé*, comment vivra-t-il? Si nous payons les Impôts, comment, de notre côté, pourrons-nous soutenir l'éclat de notre naissance? Ne feroit-il pas beau voir un grand Seigneur, ne pouvant avoir qu'une voiture ou deux, ne pouvant garder qu'une douzaine de chevaux, autant de domestiques, obligé de se défaire de sa *petite maison*, & de vivre bourgeoisement avec sa femme? ..... fi-donc! cela ne peut être. La *Constitution Françoise* seroit renversée: c'est à nous à la défendre. Je veux donner dans mes Terres l'exemple de la fermeté; & si tous les Seigneurs agissent comme moi, nous aurons bientôt fait rentrer le *Peuple* dans son devoir....... Sachons d'abord quel est l'*insolent* qui fomente les troubles, & punissons-le d'une manière qui effraye ceux qui seroient tentés de l'imiter. Holà! quelqu'un....... Avertissez mon Intendant.........

SCÈNE II.

LE DUC & son INTENDANT.

LE DUC.

QUE dit-on de mon arrivée?

L'INTENDANT.

Monseigneur, tous vos Vassaux en sont étonnés.

Je leur ai porté vos ordres; & je pense qu'ils se rendront à votre audience à l'heure indiquée .... ils ne paroissent pas intimidés........

LE DUC.

Qui peut donc les rassurer contre ma juste colère? Ignorent-ils que j'ai la Justice & la force en main pour les punir? ..... Se révolter contre leur Seigneur légitime! ......

L'INTENDANT.

J'ignore, Monseigneur, par quel moyen l'esprit de philosophie a passé dans vos Terres, & a changé en un instant toutes les têtes: tout semble annoncer une révolution.

LE DUC.

Qu'entends-je? une révolution! ...... Je n'en vois qu'une; elle est immanquable: celle qui affermira de plus en plus les *Priviléges de la Noblesse*, qui forcera le Tiers-Etat à payer, & qui le rendra plus esclave encore de notre puissance & de notre autorité...... Il n'y a pas si long-temps que nos Vassaux n'étoient que des *Serfs*; mes aïeux les achetoient & les vendoient, comme on fait la traite des Nègres en Amérique : ils avoient sur eux droit de vie & de mort...... Vous connoissez mes archives ; les titres innombrables qu'elles renferment, déposent tous en faveur de cette première Constitution de la Monarchie, de ce pouvoir des Hauts-Barons sur leurs Vassaux. Quelques Rois ont eu l'imbécillité de vouloir abolir l'esclavage : la Noblesse d'alors avoit bien raison de s'opposer à leurs vues étroites ; & si, par une flatterie condamnable, elle n'avoit pas cédé à l'exemple de ces Monarques, nous serions plus tranquilles aujourd'hui ; mais l'insolence des *vilains* nous autorise à reprendre notre première autorité, & à les remettre sous le joug......... Je ne doute pas que les Etats-Généraux, *puisque Etats-Généraux il y a*, ne s'occupent d'abord de cette révolution, la seule nécessaire pour la prospérité de l'Etat...... En attendant leur décision, je vais user de mes droits : j'ai des prisons & des carcans, un Bailli & des Huissiers ; ..... nous verrons...... Vous dites donc que......

L'INTENDANT.

Monseigneur, je ne dis rien.

LE DUC.

Mais vous m'avez écrit que ..... qu'on chassoit, qu'on pêchoit, qu'on ....

L'INTENDANT.

Oui, Monseigneur, j'ai eu l'honneur de vous écrire qu'il s'étoit opéré en un instant, & par je ne sais quel moyen, une révolution contraire aux Priviléges dont vous êtes si jaloux. On tue votre gibier ; & je suis forcé de vous dire, Monseigneur, que si vos Gardes-chasse avoient voulu l'empêcher, ils auroient été les premières victimes qu'on auroit sacrifiées aux mânes de vos Priviléges : car, Monseigneur, les esprits sont montés ; &, ce qu'il y a de bien rare dans de pareilles circonstances, il règne ici une unanimité réellement effrayante.

LE DUC.

Quelle insolence ! Et mon Bailli, pourquoi n'a-t il pas sévi contre les Délinquans ?

L'INTENDANT.

Monſeigneur, M. le Bailli a voulu défendre vos droits; mais il a couru pluſieurs fois riſque de ſa vie.

LE DUC.

Il n'y a donc plus rien de ſacré pour cette *infâme Populace?*

L'INTENDANT.

Non, Monſeigneur. On ne connoît aujourd'hui dans vos Terres que l'eſprit de *propriété*, celui *d'indépendance*, qu'on nomme le droit de la juſtice & de la raiſon, & au beſoin celui *du plus fort*.

LE DUC.

Ceſſez...... je ne puis contenir mon indignation, & ma vengeance......

L'INTENDANT.

Monſeigneur, de grace, calmez-vous; prenez, s'il eſt poſſible, un ton plus radouci;

vous gagnerez peut-être par la douceur, des esprits portés à la révolte; la rigueur ne feroit que les aigrir encore plus..... Faites-vous justice, Monseigneur; mais si vous daignez recevoir mon avis, vous irez doucement, lentement....

LE DUC.

Moi, fléchir! Eh mais, vous connoissez bien peu la fierté qu'inspire le sang illustre qui coule dans mes veines! ...... Vous croyez que je dois m'abaisser devant mes Vassaux! .... leur demander grace! ..... moi!

L'INTENDANT.

Mais, Monseigneur!

LE DUC.

Point de mais ..... Vos conseils me rendent votre fidélité suspecte....... Parlez sans détour; auriez-vous pris parti pour ces *gredins*, que leur audace a rendus coupables, & que ma colère va punir?

L'INTENDANT.

Gredins! Monseigneur, dans un siècle aussi

éclairé, peut on ſe permettre des expreſſions auſſi inſultantes! ..... Non, Monſeigneur, je ne reconnoîtrai jamais pour *gredins* que ceux qui s'oppoſent aux progrès de la juſtice & de la raiſon; &, n'en déplaiſe à votre *Grandeur*, je crois qu'il n'y a que ce parti à prendre...... Tous les hommes ſont hommes, & non des *gredins*. Vous même, Monſeigneur, avant d'être Pair de France, vous étiez homme; &, puiſque ces deux qualités ſe trouvent incompatibles dans votre perſonne, & que vous abjurez celle d'homme, je ne vois que dans les forêts des êtres qui vous reſſemblent.

LE DUC.

Inſolent! ſortez; & rentrez dans la pouſſière d'où je vous ai tiré..... Je vous chaſſe..... Je trouverai aſſez d'autres Intendans.

L'INTENDANT.

Nous verrons, Monſeigneur, lequel de nous deux étoit plus utile à l'autre..... En attendant, je vous ſouhaite bien du courage pour régir vos Terres. (*Il ſort.*)

SCÈNE III.

LE DUC, LE BAILLI.

(Le Bailli entre dans la Salle, & va audevant du Duc.)

LE DUC.

AH ! vous voilà, M. le Bailli ? vous me trouvez outré de colère : je viens de chasser mon Intendant..... Mais, vous même, dites moi donc pourquoi tout est en combustion dans mes Terres ; pourquoi, au mépris des Loix & de mes Prérogatives, on ose tout se permettre, & pourquoi la Justice n'a pas encore puni une rebellion déclarée contre *les droits les plus justes & les plus légitimes ?*

LE BAILLI, *(sortant un papier de sa poche, & le présentant au Duc.)*

Monseigneur, recevez, je vous prie......

LE DUC.

Qu'est-ce que ce papier ? ..... *(Il lit.)* .....

Quoi ! votre démission ! Ah ! je m'en doutois presque...... Voilà donc le fruit de votre liaison intime avec mon Intendant ?....... Il paroît que c'est une affaire concertée, & que vous avez pris des conseils à la même source.

LE BAILLI.

J'ignore, Monseigneur, quelle est la façon de votre Intendant.

LE DUC, (*brusquement.*)

Il ne l'est plus, Monsieur, il ne l'est plus ; & je ne veux de ma vie entendre parler d'un homme que j'ai honte d'avoir jamais employé. Il a trahi mes intérêts, ou, tout au moins, il les a lâchement abandonnés ! Nous sommes bien à plaindre, nous autres Grands, d'être obligés d'avoir de *ces gens-là !*

LE BAILLI.

Ah ! ah ! Monseigneur, vous en avez besoin, dites-vous ; & vous les traitez comme des esclaves ?

LE DUC, (*vivement.*)

Comme ils le méritent...... Je ne reçois point votre démission : allez, remplissez les fonctions de votre Charge avec moins de lenteur ; & montrez-vous digne de la confiance que j'ai placée dans vos lumières & votre intégrité.

(*Il tourne le talon.*)

LE BAILLI.

Monseigneur ?

LE DUC.

Je n'écoute plus rien...... Allez.

LE BAILLI.

Vous avez beau ne pas entendre, Monseigneur ; je ne cesserai de vous dire que je ne veux plus exercer une Charge qui expose journellement ma fortune & ma vie : vous savez assez que j'ai déjà couru plus d'un danger.

LE DUC.

Quelle lâcheté ! Qu'on ose donc soutenir que la valeur n'appartient pas exclusivement à la Noblesse !

LE BAILLI.

Si j'avois une plus belle cause à défendre, vous verriez, Monseigneur, quel que soit le sang qui coule dans mes veines, tout ce que peut le courage inspiré par l'amour de la Patrie & de son Roi..... Mais pour soutenir des droits évidemment injustes & contraires aux premières lumières de la raison, je ne m'exposerois pas, Monseigneur, à la plus légère égratignure.

LE DUC.

Vous n'avez donc pas lu ces Ecrits *lumineux* qui justifient les droits de la Noblesse ?.... N'importe, il faut que la justice soit exercée dans mes terres : je vous ordonne de continuer vos fonctions.

LE BAILLI.

Monseigneur, je n'en ferai rien.... je suis né

libre, & je prétends n'obéir dans ma vie qu'à la néceſſité.

LE DUC.

(*à part*) Ô ciel ! quel embarras !... (*haut*) J'en écrirai au Procureur-Général du Parlement.

LE BAILLI.

Oh! M. le Procureur-Général eſt trop prudent, pour rien entreprendre contre moi dans cette affaire. Il ſait qu'elle eſt déjà jugée dans l'eſprit du peuple ; & s'il oſoit fronder ſon opinion avant la tenue des Etats-Généraux, il ne pourroit au moins me forcer à exercer malgré moi une charge que je ne veux point garder.

LE DUC.

Mais, en attendant, qui jugera donc mes Vaſſaux, qui les punira de leur inſolence, qui fera reſpecter mes privilèges ?

LE BAILLI.

Vous-même, Monſeigneur, ſi vous ne trouvez perſonne qui veuille me remplacer.... et ſi le métier de Bourreau répugnoit à votre caractère *doux*, *humain* & *ſenſible*, appelez auprès de vous quelque Noble de Bretagne ; il vous ſervira avec zèle.

LE DUC.

Quelle audace !... Oui, je vous jugerai moi-même ! Mais, *monſtres*, vous ſentirez tout le poids de mon autorité.... qu'on ouvre les portes : je vais reprendre mes eſprits..... (*s'en allant*) me voilà donc ſans Intendant & ſans Juge !...

SCÈNE IV.

(*Tous les Vaſſaux entrent dans la ſalle d'audience, & ſe rangent en cercle en face du dais ; en attendant que Monſeigneur ſe préſente, le Maître d'Ecole harangue ſes Concitoyens*).

LE MAITRE D'ECOLE.

O ! mes amis, tenons-nous bien ! Monſeigneur eſt d'une colère à ne pas ſe poſſéder ; il a renvoyé ſon Intendant : M. le Bailli a donné ſa démiſſion, & ſans doute les voilà dans notre parti. J'oſe même eſpérer que, ſi Monſeigneur ne rabat pas de ſes prétentions, nous les verrons bientôt dans un embarras risible.... oui, risible; & qui cependant lui fera sentir qu'il ne sauroit se passer de nous, *tous Geux*, *tous Gredins* que nous sommes... Vous vous rappelez, mes amis, que dans tout ce que je vous ai lu, on réclame contre la *tyrannie* & le *despotisme* des Seigneurs. Il me reste à vous communiquer quelques nouvelles Brochures que j'ai reçues depuis peu; elles portent en substance: « Que nous sommes » tous égaux, parce que nous sommes tous » frères; que la différence dans les fortunes, » n'est qu'un léger accident qui influe plus » ou moins sur les commodités de la vie, mais » ne change rien à notre nature; que riches » ou pauvres, nous sommes tous des Etres rai- » sonnables, libres & non esclaves, &c. &c... » O mes amis, il est temps de secouer un joug qui nous déshonore, & d'autant plus pesant, que le siècle est plus éclairé, & que de nos jours on ne cherche qu'à l'aggraver. Ne le souffrons pas; montrons-nous ce que nous sommes; & puisque jusqu'à ce jour, les sacrifices innombrables que nous avons faits, les contributions que nous avons supportées, ne nous ont mérité que du mépris, sachons nous estimer ce que nous valons; revendiquons nos droits & faisons-nous justice... Soutenons, par notre exemple, le courage de nos frères des diffé-

rentes

rentes villes & Provinces du Royaume, & montrons-nous dignes de leur appartenir. Mais soyons d'accord, faisons cause commune, & renouvelons ici le serment de nous secourir mutuellement.

LES VASSAUX (*levant la main*).

Nous jurons tous de défendre nos intérêts contre la tyrannie & le despotisme.

LE MAITRE D'ECOLE.

Allons, mes amis, du courage! La première bordée sera forte; mais j'espère que Monseigneur s'appaisera... Voyez cette estrade, ce dais, ce luxe: cet appareil ne doit pas nous en imposer. J'entends du bruit.... c'est sûrement Monseigneur.... du courage.

(*On entend dans le fond du Théâtre un bruit sourd de plusieurs personnes qui marchent.... Les deux battans s'ouvrent; le Duc paroît, suivi de six laquais de belle taille & de belle mine*).

SCÈNE V.

LE DUC, *aux Laquais.*

SUIVEZ-MOI; vous vous placerez autour de l'estrade; (*s'approchant du dais*) nous verrons, M. l'Ecolâtre, si vous raisonnerez: & vous, Messieurs les Braconniers, tremblez.

SCÈNE VI.

LE DUC, LE MAITRE D'ÉCOLE, UN BRACONNIER, UN TAILLEUR, UN CORDONNIER, SON FERMIER, LE MAITRE DE POSTE, DEUX GARDES-CHASSE, SIX LAQUAIS, un grand nombre de ses VASSAUX.

(*Le Duc se place sous le dais, fronce le sourcil, enfonce son chapeau, promène des regards menaçans sur toute l'assemblée, s'assied, & après avoit gardé un moment le silence, il dit*):

LE DUC.

JE n'aurois jamais dû croire que dans un temps où vos intérêts sont en danger, vous me forceriez à quitter la Capitale où je pouvois vous être utile, pour venir parmi vous rétablir l'harmonie & la paix.... Les plaintes que j'ai reçues ont navré mon cœur.... Je vois avec regret que l'esprit d'indépendance & de révolte s'est acru à un point extraordinaire, & que l'autorité des Loix peut seule vous contenir dans les justes bornes que vous prescrivent mon sang & mes priviléges... Oui, je défendrai le patrimoine de mes ayeux; je le ferai avec toute la fierté qu'inspire le sang qui coule dans mes veines; & en punissant les coupables, j'apprendrai à mes descendans à faire respecter leurs droits, & à les protéger contre les usurpations téméraires.... Je ne veux cependant pas confondre les audacieux avec les timides: ma justice me fait un devoir de discerner dans les coupables dont j'ai à me plaindre, ceux qui ont allumé le feu de la révolte, d'avec ceux que l'exemple seul y a entraînés.... Je sais qu'il est parmi vous un *drôle* qui fait l'homme entendu, parce qu'il sait un peu lire; je sais qu'il a eu l'audace de vous assembler, de vous lire des Ecrits séditieux, & que vous avez eu la simplicité de croire aux absurdités qui y sont contenues...: Je sais de quelles réflexions il a fait suivre toutes ces lectures pernicieuses, & votre conduite envers moi en est le malheureux effet.... Mais il est des

Loix, & des Loix févères contre les perturbateurs du repos public, & je veux qu'il fache tout ce qu'il en coûte à des innovateurs & à des réformateurs infenfés.

LE MAITRE D'ECOLE.

(*A part*) Mes amis, c'eft de moi qu'on parle.

(*Tous les Vaffaux répondent par un figne d'encouragement*).

LE DUC, *continuant*.

M. l'Ecolâtre, vous connoiffez cet homme dont je viens de parler : c'eft vous. Je connois toutes vos intrignes, & toutes vos démarches..... Mais d'où vous vient cette témérité ? Qu'ont de commun avec vous mes droits & votre opinion! Votre devoir eft de les refpecter & de vous taire.... Je ne vous dois aucun compte.... Je repréfente dans mes Terres la perfonne facrée du Roi; mes titres, mes droits font fignés de fa main royale, & vous ofez les contefter ? Impudent! vous avez manqué au Roi lui même, & je trahirois fes intérêts, fi je ne le vengeois de votre infolence.

LE MAITRE D'ECOLE.

Monſeigneur, ſi votre *Grandeur* daignoit m'entendre, je ſerois peut-être moins coupable à ſes yeux.

LE DUC.

Vous entendre!.... Que pourriez-vous alléguer pour juſtifier la révolte à laquelle vous avez porté mes Vaſſaux, autrefois ſi ſoumis, ſi dociles?

LE MAITRE D'ECOLE.

Monſeigneur, quoi qu'en puiſſe dire *Votre Excellence*, je ſais lire, & au-delà.... Juſqu'à ce jour, j'ai rempli mes fonctions de Maître d'Ecole au contentement de tous vos Vaſſaux : j'ai mérité leur eſtime, leur confiance : ſans me flatter, je compte ſur leur témoignage, & cette preuve de leur attachement m'honore plus que je ne ſaurois l'exprimer.... Je ſuis né *libre* & *raiſonnable* : voilà mes *prérogatives*; perſonne n'oſeroit me les conteſter; & ſi les vôtres, Monſeigneur, étoient auſſi bien fondées, perſonne ne réclameroit.... Mon crime, car dites-vous, je ſuis coupable même du crime de léſe-

Majesté; mon crime, c'est d'avoir lu & parlé avec vos Vassaux de ce dont toute l'Europe s'entretient sans aucun ménagement.... Quoique vos droits soient nombreux, Monseigneur, & que vos prérogatives s'étendent bien loin, je n'en connois aucune qui nous défende de penser & de réfléchir, sur-tout lorsqu'il s'agit de nos intérêts.... Je me suis éclairé avec le siècle : j'ai trouvé justes & raisonnables les réclamations du Tiers-Etat ; je les ai communiquées à mes Concitoyens; ils ont vu pour la première fois que leur liberté n'étoit qu'un *esclavage* honteux, ils ont eu horreur de leurs fers, ils les ont secoués avec un courage dont vous les aviez crus incapables; ils ont protesté contre la tyrannie & le despotisme, & se sont mis d'eux-mêmes à la place que leur a marquée la Nature & la Raison.

LE DUC.

Vous prétendez, sans doute, me régenter aussi ?

LE MAITRE D'ECOLE.

Monseigneur, sans trop présumer de moi, je pense que vous pourriez apprendre quelque chose à mon école..... Il n'est que trop clair qu'on a manqué votre éducation, puiſqu'on vous a laiſſé ignorer que riches ou pauvres, Seigneurs ou Vaſſaux, nous étions tous frères; que le mérite doit ſeul diſtinguer les hommes entre eux; que la Nobleſſe rendue héréditaire & vénale, eſt un abus funeſte à l'Etat; que les Citoyens que vous mépriſez ſont cependant ceux qui conſtituent eſſentiellement la Nation, qui ſe paſſeroit fort bien de vous, qui y gagneroit même, mais qui ne ſe paſſeroit jamais d'eux; que vous entendez fort peu vos intérêts, puiſque vous irritez contre vous vingt-trois millions d'hommes, vous qui, avec le Clergé, n'en formez tout au plus qu'un million; que....

LE DUC.

Vous êtes un pédant bien incommode!.... Allez...... que je n'entende plus prononcer votre nom dans toute l'étendue de mes terres. Je vous en défends les approches, & ne vous donne que le temps d'en ſortir, ou craignez mon reſſentiment.

LE MAITRE D'ECOLE.

Monſeigneur, en me faiſant naître dans vos terres, le Ciel ſemble y avoir fixé ma demeure.

Ses ordres sont, je pense, indépendans de votre volonté & de vos caprices........ Je cultive l'héritage de mes pères; il m'est aussi cher, aussi précieux que celui que vous avez reçu de vos ancêtres. Vous ne serez donc pas étonné, Monseigneur, si je le défends contre toute sorte d'insultes, avec autant de zèle que vous en montrez pour soutenir vos droits & vos privilèges. En cela, Monseigneur, je ne vois qu'une différence entre nous: c'est que j'ai pour moi la justice, la raison, & *le vœu de toute la Nation.*

LE DUC, *outré de colère.*

Encore!... Ajouter l'injure à l'audace!.... Qui me vengera d'un insolent de *cette espèce*!.. Si j'en croyois mon courroux.... Sortez.....

(*Il fait un tour dans la Salle, cherche à rappeler ses esprits, & tous les Vassaux étant rangés en cercle, il s'arrête au premier du rang; c'est un Braconnier.*)

Et vous, *Maraut*, vous vous avisez donc de chasser? Mais c'est inconcevable! Il n'y a pas pour les Seigneurs de droits plus solidement établis que celui de la chasse; les lois du Royaume punissent de peines infamantes ceux qui osent les violer, personne n'en ignore ; & aujourd'hui on ne craint ni les Seigneurs, ni les Lois ! .... Toutes les têtes sont donc en délire ! .... C'est une témérité qui révolte, & que je punirai.

Le Braconnier.

Monseigneur, dans un autre temps vous auriez pu faire valoir votre droit de chasse : vous savez jusqu'à quel point nous l'avons respecté ; mais depuis que vous & vos pareils ne faites que déclamer contre nous, *pauvre Peuple*, que vous ne cherchez qu'à nous opprimer, & à nous rendre plus insupportable un joug déjà trop odieux, nous nous sommes éclairés sur vos droits, nous les avons trouvés injustes, déraisonnables ; & sans autre forme de procès, le *Tribunal de la Raison* les a déclarés nuls à jamais. En conséquence, Monseigneur, j'ai chassé & je chasserai. Je ne conseille à personne de m'en empêcher ; il ne seroit pas le plus fort.... Quant à vos Gardes-chasse, vous ferez bien de les congédier, ou, si vous les gardez, défendez leur de venir dans mes champs ; si je les y trouvois.....

LE DUC.

Mais, vous n'y penſez pas? Oſez vous parler ainſi à votre Seigneur?

LE BRACONNIER.

Monſeigneur, dans la nature des choſes, un Seigneur doit être un père, & non un deſpote, un tyran; il doit vouloir le bien de ſes enfans, aux dépens du ſien même; il doit ſe ſervir de ſon autorité pour éloigner d'eux tout ce qui pourroit leur nuire, il doit les ſecourir, les protéger; voilà ſon devoir: s'il y manque, les Vaſſaux ne lui doivent plus rien.

LE DUC.

Mais de quoi pouvez-vous donc vous plaindre?

LE BRACONNIER.

Comment, Monſeigneur! vous penſez donc que nous devons nous croire trop heureux de ce que vous ne nous faites pas dévorer tout vivans?... Et pour ne pas ſortir des reproches que vous vous croyez autorisé à me faire, n'est-il pas vrai, Monseigneur, que quand il vous plaît, vous venez dans nos champs, dans nos vignes, avec vos chiens & vos chevaux pour vous donner le plaisir de la chasse? Ma récolte est donc à la merci de vos chiens, de vos chevaux, & de vos nombreux domestiques!

LE DUC.

Vous exagérez; il y a des saisons dans l'année.....

LE BRACONNIER.

Ah! Monseigneur, ce n'est pas à moi qu'il faut dire cela. Vos Vassaux savent, & ils s'en plaignent tous, qu'en tout temps & en tout lieu, vous ou vos gens ravagez nos champs, foulez nos prés, arrachez ou dégradez nos vignes. C'est un abus qu'il est temps de faire cesser; & nous avons sur cela pris un parti....

LE DUC.

Un parti!.... Je saurai bien vous empêcher de le suivre. Dès cet instant, je vous renouvelle la défense de tirer un coup de fusil, de ndre un piége à quelque bête que ce soit, ous les peines les plus rigoureuses. Et le premier *insolent* qui osera violer ma défense.....

LE BRACONNIER.

Monseigneur, votre défense, vos menaces ne nous intimident point. Les Lois sur lesquelles vous les appuyez, sont trop évidemment injustes aux yeux de toute la France... Il est bien prouvé aujourd'hui que les Nobles ne sont que le colifichet de la Nation, & que ceux que vous appelez *vilains* en sont la base & le fondement. Et nous souffririons qu'indépendamment de l'avilissement auquel vous nous avez réduits par un despotisme qui depuis long-temps crie vengeance, vos lapins vinssent dévorer le peu de grains qui nous reste après cinq, six mois, & quelquefois plus, d'une chasse continue! Cela n'est pas possible, Monseigneur, & pour vous en convaincre, permettez-moi de vous faire un calcul bien simple : j'ai deux arpens de terre; voilà, avec de l'honneur & des sentimens, tout ce que j'ai reçu de mes pères : leur produit suffiroit à ma subsistance, s'il m'étoit donné d'en jouir; mais remarquez, Monseigneur, que, sans compter les fléaux qui dévastent souvent nos possessions, il faut, 1°. que je paye les impositions royales. C'est juste ; je dois quelque chose à mon Roi ; il m'aime, je le sais, & je dois contribuer, selon mon pouvoir, à ce qu'il puisse me défendre & me protéger contre les ennemis de l'Etat ; 2°. je vous paye à vous, Monseigneur, des *redevances ;* vous devriez, par la même raison, m'aimer, me protéger, & me défendre : cependant, au-lieu de m'aimer, vous m'humiliez, vous m'avilissez sans cesse ; au-lieu de me protéger & de me défendre, vous m'opprimez de tout votre pouvoir...... 3°. Je paye la dixme à notre Curé : je ne la regrette pas ; notre Pasteur est un honnête-homme ; il nous instruit comme il convient, il soulage les pauvres de la Paroisse ; &, s'il étoit plus riche, il feroit encore mieux. (Nous avons proposé dans nos Assemblées de faire un sort aux Curés, en leur assignant une portion de terre qu'ils cultiveroient à leur gré, & qui leur rendroit plus que la dixme : ce projet est trop avantageux pour eux & pour nous, pour qu'il n'ait pas lieu un jour)........ Après tout cela, Monseigneur, que doit-il me rester de ma récolte ? pas grand chose assurément ; mais il m'en restera bien moins, si je suis obligé de nourrir vos lapins, vos daims, vos cerfs, vos pigeons, &c. &c. &c. Et ne croyez pas, Monseigneur, que toutes ces bêtes ſe contentent de peu ; je pourrois vous faire voir des coins de terre entièrement dévorés, & qui ne rapporteront pas un épi de grain..... Il faut donc, Monſeigneur, que je laiſſe mon champ en friche, ou que je le défende de l'incurſion des barbares, comme on dit : voilà le droit de la raiſon.

LE DUC.

De la raiſon ?...... je n'en ſais rien ; mais je ſais que ce n'eſt pas celui de la *juſtice* ; & je veux qu'elle ſoit obſervée.

LE BRACONIER.

La choſe eſt facile, Monſeigneur : puiſque vous voulez la juſtice, faites chaſſer dans votre parc, dans les champs qui vous appartiennent ; vous aurez aſſurément plus de gibier que vous n'en pourrez manger : mais auſſi laiſſez-nous chaſſer dans les nôtres. Si vous êtes maître chez vous, pourquoi ne le ſerois-je pas chez moi ? Si vous faites tuer les bêtes qui nuiſent à vos grains, pourquoi ne pourrois-je pas tuer celles qui viennent me nuire ? Le droit naturel me donne ce pouvoir, quoi que vous en diſiez ; & je ne crois pas qu'il puiſſe y avoir de lois qui lui ſoient contraires..... Encore une choſe, Monſeigneur. Vos pigeons ſe noûrriſſent des grains que nous ſemons ; ce n'eſt pas juſte : dans le temps des ſemailles, vous ne leur donnez rien ou preſque rien à manger ; il faut pourtant que ces pauvres bêtes mangent : mais, Monſeigneur, ſi nous les nourriſſons, ſi nous les engraiſſons, il eſt juſte que nous les mangions. Auſſi, ſur ce point, je ſuis bien-aiſe de vous dire, Monſeigneur, 1°. que nous ne ferons aucune difficulté de les tirer ; 2°. que dans nos délibérations nous avons arrêté que tout propriétaire, dans l'étendue de vos Domaines, feroit au plus tôt élever un colombier ; à moins que vous ne fiſſiez abattre le vôtre, ou que vous ne renfermiez entièrement vos pigeons : c'eſt le ſeul moyen d'établir une juſte compenſation entre vous & nous.

LE DUC.

Et je ſouffrirois cette inſolence ! ...... (*à ſes Laquais.*) Appelez mes Gardes-chaſſe... (*à part.*) O Ciel ! vous ne me réſervez donc que des affronts....... (*Les Gardes-chaſſe entrent.*)

SCÈNE VII.

LE DUC, (*aux Gardes-chasse.*)

DEPUIS le temps que vous êtes à mon service & à mes ordres, vous devez connoître l'étendue de vos devoirs dans l'emploi dont je vous ai honorés : j'avois compté sur votre fidélité & sur votre vigilance; pourquoi donc avez-vous laissé empiéter sur mes droits?

UN GARDE-CHASSE.

Monseigneur, si vous savez tout, vous n'ignorez pas que la multitude......

LE DUC.

Et que m'importe la multitude? Il falloit percer de trois balles le premier audacieux qui a osé résister à l'autorité que je vous ai confiée : son exemple eût appris à ceux qui auroient été tentés de l'imiter, que la punition est toujours à côté de l'offense. Ainsi, afin qu'on n'en prétende cause d'ignorance, je vous ordonne,

en

en présence de toute l'Aſſemblée, de redoubler de vigilance dans votre Charge; & ſi, malgré tout, vous trouvez encore des *mutins*, des *rebelles*, tirez, tirez comme ſur une bête fauve; ce ſont des monſtres dont il faut purger la terre: & je me charge de tout.

LE SECOND GARDE-CHASSE.

A ce prix, Monſeigneur, voilà mes armes.... Je répugne trop à verſer le ſang de mes frères..... il m'eſt impoſſible de ſervir votre vengeance & votre colère à ce point.....

LE DUC.

Mais, ſi je vous renvoie, que deviendrez-vous? vous mourrez ſur un fumier.

LES DEUX GARDES-CHASSE.

Non, Monſeigneur: nous avons des bras; ils ſont encore forts; ils nous nourriront... l'ouvrage ne nous manquera pas, même ſans ſortir de vos Terres. L'homme n'eſt-il pas deſtiné à vivre du travail de ſes mains? (*Ils dépoſent leurs gibecières, leurs fuſils, & ſortent*).

LE DUC.

(*A part*) Croira-t-on jamais ce qui m'arrive! ſans Juge, ſans Intendant, ſans Gardes chaſſe, je ſuis encore livré à des inſultes multipliées... Ah! miſérables! je vous les vaudrai un jour.... (*Il fait un tour dans la ſalle*).

SCÈNE VIII.

LE DUC, LE TAILLEUR ET LE CORDONNIER.

LE TAILLEUR & LE CORDONNIER (*s'avançant vers le Duc*).

MONSEIGNEUR?

LE DUC (*les regardant fixement & de près*).

Ah, ah! je vous reconnois; vous êtes, vous, mon Tailleur, & vous, mon Cordonnier.

LE TAILLEUR & LE CORDONNIER (*enſemble*).

Oui, Monſeigneur.

LE DUC.

Soyez tranquilles, mes enfans; je n'ai point reçu de plaintes contre vous: comptez ſur ma bienveillance & ma protection: ſi je puis vous être utile à Paris, écrivez-moi, & vous éprouverez tout ce que peut un homme de mon rang.... Je vous ai demandé deux habits de la ſaiſon, pour moi & pour mes gens?

LE TAILLEUR.

Oui, Monſeigneur; mais j'eſpère qu'à la fin, vous...,

LE DUC, (*l'interrompant*).

Je vous conſerve ma pratique à tous les deux, parce que je ſuis mécontent des ouvriers de Paris.... A propos, je penſe à une choſe: il faut que je vous obtienne, à vous, le privilége de Tailleur du Roi, & à vous, celui de Cordonnier du Roi ou de quelqu'un des Princes. Si cela vous fait plaiſir, j'aurai aſſez de crédit.

LE TAILLEUR.

Monſeigneur, vous êtes bien bon; j'en ſerai

bien reconnoiſſant.... Lorſque le Roi me demandera des habits, je les ferai moi-même, j'y mettrai toute mon attention..... Aſſurez-le ſur-tout que je n'en garderai pas les reſtes.... Oh! la bonne pratique, ſi vous pouvez me la procurer, Monſeigneur.

LE DUC.

(*A part*). Qu'il eſt bête!... (*Haut*) Mais ne vous attendez pas que le Roi vous faſſe travailler pour lui : il ne manque ni de Tailleurs, ni de Cordonniers.

LE TAILLEUR.

Que voulez-vous donc dire, Monſeigneur? je ſerai le Tailleur privilégié du Roi, & d'autres feroient ſes habits?

LE DUC.

Mais oui, ce ſera un titre que vous pourrez prendre dans votre ſignature & mettre ſur votre enſeigne : cela vous procurera beaucoup de pratiques dans le pays.

LE TAILLEUR.

Et rien de plus, Monſeigneur?

LE DUC.

Non.

LE TAILLEUR.

Cette charge ne rapporte point d'argent?

LE DUC.

Non : de l'honneur.

LE TAILLEUR.

Rien que de l'honneur?

LE DUC.

Oui.

LE CORDONNIER.

Et pour moi, Monſeigneur?

LE DUC.

La même choſe : de l'honneur.

LE TAILLEUR.

Eh bien! Monſeigneur, puiſqu'il n'y a

d'autre profit que de l'honneur, je suis bien aise de vous dire que j'en suis rassasié. J'ai depuis long-temps celui de vous servir; je n'en ai pas pour cela plus de pratiques; mais en revanche, j'en ai beaucoup moins d'argent : depuis dix ans je travaille pour vous : il seroit temps, je crois, que vous soldassiez mon compte.... J'aimerois mieux cela que le Privilége.

LE DUC.

Allons, mes enfans, conduisez-vous bien; & sur-tout n'imitez pas cette canaille dont vous savez que j'ai à me plaindre.... Pour vous, je ne vous oublierai pas; je vous prends sous ma protection. (*Il fait quelque pas pour sortir*).

LE TAILLEUR.

Bien obligé, Monseigneur; mais voilà mon mémoire.

LE CORDONNIER.

Voilà le mien, Monseigneur.

LE DUC.

(*A part*) Oh! les importuns!.... (*haut*) Cela suffit : soyez tranquilles.

LE TAILLEUR.

Mais, Monſeigneur, j'ai beſoin d'argent : voilà mon mémoire.

LE CORDONNIER.

J'en ai beſoin auſſi, Monſeigneur.

LE DUC (*leur impoſant ſilence de la main*).

Paix, paix ! je vais continuer mon audience.

LE TAILLEUR & LE CORDONNIER (*enſemble*).

Finiſſez plutôt avec nous, & payez-nous.

LE DUC (*impatienté revient à eux, & d'un ton menaçant*) :

Quand je vous ordonne de vous taire...

LE TAILLEUR ET LE CORDONNIER.

(*Enſemble*). Nous taire !.... Payez-nous, & nous nous tairons...

LE DUC.

Insolens !...

LE TAILLEUR.

Comment, Monseigneur ! c'est être insolent que de demander ce que vous me devez depuis dix ans ?

LE CORDONNIER.

Et à moi depuis six ! Je ne suis pas étonné si vous êtes mécontent des ouvriers de Paris !... sans doute qu'ils veulent aussi être payés.

LE TAILLEUR.

Et mes avances, & mon temps, & ma peine, & les étoffes que j'ai prises chez le Marchand, qui les paiera, Monseigneur ?

LE CORDONNIER.

Et moi aussi, Monseigneur, je dois encore une partie de la marchandise que j'ai employée dans les cinquante paires de souliers que vous devez. Cent écus dans mon ménage me feroient plus d'honneur que celui d'être votre créancier : j'ai une femme & des enfans à nourrir, des garçons, un loyer, des impositions à payer, &c. &c. Ah ! Monseigneur, ce n'est pas juste.

LE DUC.

Comment ! je vous fais travailler, pour vous empêcher de mourir de faim, & vous....

LE TAILLEUR.

Bien au contraire, Monseigneur ; vous nous ôtez le pain, puisque vous ne nous payez pas. Le temps que nous avons employé pour vous, eût été pour quelqu'autre qui nous auroit payés, & nous ne serions pas dans l'embarras.

LE DUC.

Finirez-vous ?

LE TAILLEUR.

Non, Monseigneur, à moins que vous ne payiez... Tout-à-l'heure vous avez cité les loix contre les Braconniers, & les perturbateurs du repos public ; à mon tour , je vous citerai celles qui condamnent les débiteurs de mauvaiſe-foi.

LE DUC.

Vous menacez, je crois ?

LE TAILLEUR.

Oui, Monſeigneur : je vais vous faire aſſigner.

LE DUC.

Quelle audace ! Eh bien ! faites.... Je vous ruinerai en frais ; je vous ferai manger la paille de votre lit...

LE TAILLEUR.

Pour les frais, je n'en ſuis pas en peine ; j'eſpère que vous les paierez avec la dette..... En attendant, les habits qui ſont chez moi n'en ſortiront point ; cherchez un autre Tailleur, & ſur-tout payez-le comme moi ; il vous ſervira long-temps !

LE CORDONNIER.

Vous pouvez vous diſpenſer d'envoyer chercher les souliers, à moins que vous n'envoyiez aussi cent bons écus que je demande ; & puis vous chercherez un autre Cordonnier. (*Ils sortent*).

SCÈNE IX.

LE DUC, (*à part*).

MAIS tout le monde se moque ici de moi.... Je n'y connois plus rien.... C'est une insolence sans exemple... me voilà encore sans Cordondonnier, sans Tailleur.... J'ai cependant besoin d'habits, de souliers.... & ce sera le diable pour les avoir... Il faudra payer.... Oh ! pour cela, non ; je ne paierai pas..... Je leur apprendrai à demander de l'argent à un homme de ma façon....

SCÈNE X.

LE DUC ET LE FERMIER.

LE FERMIER, (*s'approchant du DUC*).

MONSEIGNEUR, votre arrivée inattendue m'a fait d'autant plus de plaisir, que c'est aujourd'hui précisément qu'expire mon Bail-à-ferme.

LE DUC.

Ah ah ! Aujourd'hui ?

LE FERMIER.

Oui, Monseigneur.

LE DUC.

Eh bien ! comme je suis content de vous, & que vous êtes sur-tout exact pour les paiemens, vous avertirez mon Notaire, & dès-aujourd'hui même nous le renouvellerons. Je sais que vous avez fait de *gros profits* : vous n'aurez pas de peine sans doute à consentir à une augmentation.

LE FERMIER.

Des profits, Monseigneur ? ah ! nous sommes bien loin de compte. Je trouve au contraire que je suis ruiné : mon bail ne pouvoit expirer à une époque plus avantageuse pour moi.

LE DUC.

Vous me surprenez : tous mes voisins m'ont blâmé d'avoir cédé mes Terres à si bas prix.

LE FERMIER.

Ah ! Monseigneur, je le crois bien : tous les grands propriétaires de Terres trouvent toujours que leurs Fermes ne produisent pas assez. Depuis un petit nombre d'années, elles ont doublé de prix ; & il semble que vous vous entendez tous pour nous faire mourir de faim : d'ailleurs vos voisins savent-ils que vous êtes inflexible, & que, quel que soit le fléau qui ravage nos récoltes de toute espèce, vous avez toujours refusé même de partager nos pertes ? Ah ! Monseigneur, je ne puis vous pardonner d'exiger jusqu'à la dernière obole des fermages de l'année dernière, quoique la grêle ait tout emporté ! Trois de mes parens qui n'ont pas, comme moi, l'honneur d'être les Fermiers d'un Duc, & qui n'ont à faire qu'à de simples Bourgeois de la ville voisine, ont obtenu une remise entière. Moi, je suis ruiné : mais aussi le bail est-il expiré.

LE DUC.

Mais vous le reprendrez ; & vous gagnerez de-quoi payer ce que vous me devez.

LE FERMIER.

Non, Monſeigneur, je n'en veux point; je vendrai mes beſtiaux pour m'acquitter envers vous, & j'irai enſuite mendier mon pain avec ma femme & mes enfans, ſi je ne trouve pas d'ouvrage pour eux & pour moi.... mais j'en trouverai.

LE DUC.

Comment! vous n'y mettriez pas deux ſacs de plus?

LE FERMIER.

Oh! pour cela non: comment les paierois-je?

LE DUC.

Cependant... ſi quelqu'un me les offroit, je ſerois forcé de les accepter, & j'aurois du regret de ne plus vous voir attaché à mon ſervice.

LE FERMIER.

Vous avez bien de la bonté, Monſeigneur.

LE DUC.

Refléchissez-y.

LE FERMIER.

Oh! toutes mes réflexions sont faites: je ne veux plus de votre ferme.

LE DUC.

Vous n'y songez pas.... Voici tout ce que je puis faire pour vous: supposé que personne n'enchérisse, je vous céderai ma ferme de préférence à tout autre, au même prix, & avec les mêmes *réserves* que par le passé.

LE FERMIER.

Avec les mêmes réserves, Monseigneur? & on nous promet pour cette année une grèle plus désastreuse encore que celle de l'année dernière! A quelque prix que ce soit, je n'en veux plus.

LE DUC.

Vous n'en voulez plus? au même prix?

LE FERMIER.

Non, Monſeigneur.

LE DUC.

Ah, ah ! c'eſt autre choſe...... Et pourquoi cela, s'il vous plaît ?

LE FERMIER.

1°. Parce que je n'ai rien, & que je ne veux pas courir le riſque de m'endetter. 2°. Parce qu'on parle d'un *Impôt territorial*.....

LE DUC.

Ce ſont des *contes* à dormir debout.

LE FERMIER.

Pas tant *contes*. On m'a fait comprendre que c'étoit une affaire immanquable, parce qu'il n'y a jamais eu d'impôt plus juſte, ſi on le ſupplée à la Taille.

LE

LE DUC.

C'est encore une leçon de Maître d'Ecole! Le *drôle!* je le ferai pendre.....Comme il a abusé de votre simplicité! *pauvres gens*, vous êtes bien dupes!

LE FERMIER.

Ah! oui, Monseigneur, nous l'avons été.... mais cela va finir, & nous ne le serons plus, j'espère... Lorsque nous ne paierons les impôts qu'à proportion de nos possessions, & que vous paierez à proportion des vôtres, ce sera autant de diminué sur nous, nous serons plus heureux, & nous bénirons le Roi tous les jours de notre vie, comme nous le bénissons déjà pour ses bonnes intentions.

LE DUC.

Voilà comme on vous trompe! Et mes *Priviléges*? vous croyez qu'on y touchera? Ils sont trop anciens, trop sacrés, & les Nobles qui en jouissent sont trop près du Trône pour souffrir qu'on leur porte la plus légère atteinte.

LE FERMIER.

Je sais bien qu'ils feront tout ce qu'ils pourront; mais ils ne seront pas les plus forts à l'assemblée des Etats-Généraux : tout au moins nous y serons en nombre égal, & la Justice y présidant, vos *Priviléges* tomberont de plein droit.

LE DUC.

La Justice!... Et quoi de plus *juste* que nos *Priviléges ?*

LE FERMIER.

Autrefois, Monseigneur; vous avez raison: vous étiez obligés d'entretenir pour la défense de l'Etat & à vos dépens une certaine quantité de soldats, proportionnée à l'étendue de vos terres & à leur population. Mais aujourd'hui, & depuis que non-seulement vous ne dépensez rien pour l'Etat, qu'au contraire vous lui êtes à charge par les appointemens, les pensions, les graces de toute espèce que vous exigez afin de vous rendre utiles, il est évidemment injuste que vous ayez conservé vos Priviléges.

LE DUC.

Quand cela feroit, vous n'en paierez pas moins les impôts? Qu'y gagnerez-vous?

LE FERMIER.

Ce que nous y gagnerons? Oh! tout cela eſt bien calculé. J'ai trois arpens de terre à moi: je paierai l'impôt à raiſon de mes trois arpens; & vous, Monſeigneur, qui en avez quatre-vingt-dix pour leſquels vous ne payez rien, vous paierez en raiſon de votre terrein, tant par arpent. Par conſéquent je paierai quatre-vingt-ſept fois moins que vous; & ce qu'il y a d'auſſi juſte, c'eſt qu'alors je ne paierai pas pour vous.

LE DUC.

Pour moi, je n'ai jamais exigé que vous payaſſiez pour moi: ſur ce point je me crois diſpenſé de toute reconnoiſſance.

LE FERMIER.

Voilà comme vous vous trompez, Monſeigneur! nous ſommes aujourd'hui trop éclairés sur cette matière, pour que vous puissiez nous en imposer... N'est-il pas vrai, Monseigneur, que chaque Généralité est taxée à tant, & que l'ordre en est envoyé à Monseigneur l'Intendant? Que fait alors Monseigneur l'Intendant? Il compte les Villes, Bourgs, Villages de son district, & taxe en particulier chaque Ville, Bourg & Village, en raison de son étendue, & jusqu'au complément de la somme. Ensuite il envoie ses ordres aux Elections qui taxent par tête. Mais parce que le Seigneur est dispensé de payer pour les terres qu'il fait valoir, (& Dieu sait s'ils y manquent), les Elus sont obligés de faire refluer sur nous tous ce que le Seigneur devroit payer. Et c'est là ce que nous trouvons d'une injustice criante, & d'autant plus criante, Monseigneur, qu'il y a des siècles que cet abus subsiste...... Aussi pour établir une juste compensation, & pour nous rendre au moins une partie de ce que vous nous devez, il faudroit qu'on nous dispensât de tout impôt, nous autres *pauvres* laboureurs, & qu'on vous obligeât, vous Messieurs les *Nobles & Seigneurs*, à les payer seuls pendant dix ans. Ce temps suffiroit pour nous relever de nos pertes, faire disparoître de nos campagnes la misère affreuse qui y règne. Nous sommes bien persuadés que si notre bon Roi savoit que vingt millions de ses sujets n'ont souvent pas du pain à manger, par la tyrannie des Seigneurs, il prendroit ce parti; mais il n'en sait rien; & voilà pourquoi nous ne l'en aimons pas moins.

LE DUC.

Vous voilà bien endoctriné, à ce qu'il paroit.... Mais il ne s'agit pas d'impôts ici; il y est question de la ferme de mes terres; je vous la propose au même prix & aux mêmes conditions que par le passé.

LE FERMIER.

C'est inutile, Monseigneur.

LE DUC.

Vous voulez donc mourir de faim?

LE FERMIER.

Mais vous êtes dans l'erreur, Monseigneur: ce n'est pas vous qui nous nourrissez. Le pain que vous mangez, les légumes, les fruits qui parent vos tables, sont le fruit de notre travail. Vous & vos pareils ne faites que sucer le miel de l'abeille, sans savoir ce qu'il nous en a coûté de sueur & de peine.

LE DUC.

Finissons tout cela. . . . Vous ne voulez donc pas de ma ferme ?

LE FERMIER.

Non, Monseigneur.

LE DUC *en colère.*

Eh bien ! retirez-vous. . . . & sur-tout n'ayez jamais besoin de moi. . . . *à part* : encore un nouvel embarras ! . . . . . Mais c'est de mal en pis . . . . . J'enrage . . . . Il paroît que je n'aurai pas raison avec eux d'aujourd'hui ; renvoyons donc à demain la fin de cette audience. Dans le courant du jour, je ferai emprisonner les plus *mutins*, & j'espère que les autres viendront me demander grâce. . . . . *Haut à ses Laquais*, allez tout préparer pour mon dîner ; vous direz à mon Cuisinier que je veux être servi dans la minute. . . . . *Les Laquais sortent. Le Duc s'assied dans son fauteuil & prend un air de dignité.*

Je ne m'attendois pas à trouver autant de résistance dans des *sujets* dont je ne connoissois que la soumission & la douceur...... Vous avez changé à votre désavantage : je vous exhorte à rentrer dans le devoir, si vous voulez éviter les justes châtimens que vous avez mérités.... Demain je vous attends ici à la même heure, pour y entendre mes ordres... J'espère que vous aurez fait des réflexions salutaires, & que vous vous empresserez de solliciter ma clémence. *Tous les Vassaux sortent & laissent le Duc seul.*

SCENE XI.

UN LAQUAIS *entre, & s'approchant du Duc.*

MONSEIGNEUR, votre dîner ne sera pas prêt de si-tôt.

LE DUC.

Pourquoi cela ?

LE LAQUAIS.

Votre cuisinier n'a rien préparé; il vient de

ſortir de chez vous ; il emmène mes camarades & votre cocher ; ils ont tous juré de ne plus ſervir la Nobleſſe. Avant de les ſuivre, j'ai cru devoir vous annoncer cette fâcheuſe nouvelle.

LE DUC.

O Ciel !... C'eſt encore un tour du Maître d'Ecole !...

LE LAQUAIS.

Je dois auſſi vous avertir, Monſeigneur, que les eſprits ſont aigris à un point extraordinaire, & qu'indépendamment de ce que vous ne trouveriez pas un verre d'eau dans le Village, il n'eſt peut-être pas trop ſûr pour vous d'y reſter.

LE DUC.

Comment ! Ils en voudroient à ma vie !...

LE LAQUAIS.

Monſeigneur, dans une pareille conjoncture, il faut être prudent. Je vous conſeille de partir ſur-le-champ pour Paris : ſi vous vous déterminez, j'irai vous chercher des chevaux de poſte.

LE DUC.

Après avoir long-temps réfléchi. Vous avez raiſon..... Allez..... Et ſur-tout qu'on ne me faſſe pas attendre.... Vous me ſuivrez ?

LE LAQUAIS.

Cela n'eſt pas poſſible, Monſeigneur: je courrois un trop grand riſque. *Il ſort.*

SCENE XII.

LE DUC *à part.*

ME voilà donc tout ſeul !.... O diſgrace imprévue !.... Sans Intendant ! Qui prendra donc ſoin de mes affaires ? Je laiſſe mon Château à l'abandon.... Sans Bailli ! Qui jugera donc mes Vaſſaux ? Qui défendra mes droits, qui les fera reſpecter ?... Sans Fermier ! Mes terres reſteront donc incultes ? Qui me dédommagera de leur produit ?.. Sans Cuiſinier ! Comment vivrai-je ?.... Sans Laquais ! Je ne ſuis pas accoutumé à me ſervir moi-même.... Sans cocher !

SCENE XIII.

LE DUC, LE MAITRE DE POSTE.

LE MAITRE DE POSTE.

MONSEIGNEUR, vous demandez des chevaux ? ils seroient tous à votre service; mais mes postillons refusent de vous conduire; ils ne veulent plus, disent-ils, servir que le *Tiers-Etat*, & prétendent que puisque les *Nobles* sont si fiers, ils doivent se mener eux-mêmes. Leur résolution est si bien prise à cet égard, que pour voyager, il faut faire preuve de roture. J'ai chez moi, dans ce moment ci, plusieurs Députés du *Tiers*, des autres Provinces, qui ne partiront que parce qu'ils ont montré leurs commissions. Ils ont dit que les Députés de la Noblesse & du Clergé étoient dans le plus grand embarras, parce qu'ils ne trouvoient même pas d'auberges où on voulût les recevoir; & il paroît qu'ils seront forcés de faire le voyage à pied, & leur cuisine sur le grand chemin.

LE DUC.

Qu'entends-je ! Il y a cependant bien loin d'ici à Paris !.... *Mon cher ami*, je vous prie, *en grace*, de ne pas m'abandonner. Je vous paierai double poste, & menez-moi vous-même.

LE MAITRE DE POSTE.

Moi, Monseigneur ? cela n'est pas possible. Je suis forcé de rester pour veiller à ce qui se passe chez moi, & d'ailleurs je pourrois courir quelque danger...... Vous ne voudriez sûrement pas, Monseigneur, m'exposer à être peut-être tué ? Vous avez des chevaux dans votre écurie; sellez-en un, & partez : voilà, je crois, le seul parti qui vous reste à prendre.

LE DUC.

Comment voulez-vous que je m'en aille ainsi seul ? Un homme comme moi! qu'on a toujours vu entouré d'une foule de domestiques !

LE MAITRE DE POSTE.

Mais aussi, Monseigneur, vous prétendez

que la Noblesse forme à elle seule la Nation, & que les Roturiers sont vos esclaves. Vous voyez aujourd'hui dans quelle erreur vous étiez; car dans un pays habité par deux classes d'hommes, celle qui peut se passer de l'autre, doit, sans contredit, former la Nation. Vous savez que les Roturiers peuvent se passer de vous, & vous ne doutez plus que vous n'ayez sans cesse besoin d'eux.

LE DUC.

La leçon est un peu forte : mais enfin j'ouvre les yeux, & je vous assure qu'aux Etats-Généraux je défendrai la cause de cette partie de la Nation, si avilie, mais si nécessaire.

LE MAITRE DE POSTE.

Dieu vous maintienne, Monseigneur, dans ces louables sentimens!

LE DUC.

Vous me mènerez, n'est-ce pas? Car je vous avoue qu'une incommodité, reste d'une vie trop déréglée, ne me permet plus absolument de monter à cheval.

LE MAITRE DE POSTE.

Je vous assure, Monseigneur, que cela n'est pas possible ; je me serois égorger.... Je vous plains bien sincèrement, je vois avec peine que vous serez obligé de vous en aller à pied, car je ne crois pas que vous trouviez ici seulement une charrette. (*Il sort*).

SCÈNE XIV ET DERNIÈRE.

LE DUC.

Eh bien ! partons à pied. Subissons avec courage la juste punition d'un orgueil déplacé. Quoique Pair de France, je vois que je ne suis qu'un homme.... Montrons donc que l'éducation que j'ai reçue ne m'a pas mis au dessous du plus grand nombre de mes semblables..... Il faut que je prenne un peu de linge.... Je ne sais où sont mes chemises.... Les Domestiques sont pourtant d'une bien grande commodité !... Ah ! les voici.... (*Il en prend deux, les enveloppe d'un mouchoir, & met le paquet sous son bras*)..... Je mangerois bien un morceau ;

mais il n'y a ici rien de cuit.... Eh bien! mangeons du pain !.... (*Il mange avec appétit une croûte de pain ſec*).... Pour du vin, il n'y en a qu'à la cave; &, en vérité, je n'oſerois y aller.... Il faut ſe contenter d'un verre d'eau... (*Il boit un verre d'eau*).... Voilà un repas bien frugal! Heureuſement, j'ai des amis ſur la route.... Jamais je ne me ſerois attendu à ce qui m'arrive..... Il eſt donc vrai que ſi la Nobleſſe eſt quelque choſe, le Peuple eſt tout.... J'ai été élevé dans d'étranges préjugés! On me diſoit, & j'ai eu la foibleſſe de le croire, que le Peuple étoit fait pour nous: ſe peut-il qu'il ne me ſoit jamais venu dans l'idée que la claſſe la plus nombreuſe étoit la plus forte, & par conſéquent celle qu'il falloit le plus ménager?... Mais auſſi comment imaginer que ce Tiers-Etat réclamât ſi généralement, & avec tant d'unanimité d'un bout du Royaume à l'autre! Les Anglois l'ont fait chez eux; mais les François ne paroiſſoient pas capables de cette énergie: ils ont été ſi ſoumis, & ſi long-temps ſoumis!.... La Nobleſſe eſt encore bien heureuſe, que le Peuple ne pouſſe pas plus loin ſes prétentions; car enfin, s'il le vouloit, il ne faut pas ſe le diſſimuler, il ſeroit le plus fort; les ſoldats ſont tous du *Tiers-Etat*, un grand nombre d'Officiers ſont auſſi de cette claſſe; mais quand bien même tous les Officiers ſeroient nobles, il y a des ſoldats très-capables de les remplacer. Si le Tiers-Etat des Villes vouloit nous chaſſer, comment nous défendrions-nous contre un nombre d'ennemis ſi ſupérieur ; & s'il nous coupoit les vivres à tous, comme on me fait à moi.... Ciel! que deviendrions-nous ? Je ſerois donc obligé de fuir dans une terre étrangère !.... Il vaut mieux faire des ſacrifices, & je les ferai. J'abjure les ſentimens d'orgueil qu'on m'a fait ſucer avec le lait. Je reconnois que tous les hommes ſont mes égaux, & je veux protéger & défendre les intérêts de mes frères pauvres, avec autant de zèle que j'en ai mis à ſoutenir les abſurdes prérogatives de la Nobleſſe.

Voilà la nuit..... partons ; je me repoſerai demain chez le Marquis : peut-être pourra-t-il me procurer une voiture. Il eſt adoré de ſes Payſans ; je le blâmois de ſa complaiſance pour eux : je vois aujourd'hui combien j'ai eu tort de ne pas l'imiter.

FIN.

www.ingramcontent.com/pod-product-compliance
Lightning Source LLC
LaVergne TN
LVHW020047170826
845678LV00001B/460

* 9 7 8 2 3 2 9 6 8 6 2 0 2 *